BEI GRIN MACHT SICH IHR WISSEN BEZAHLT

- Wir veröffentlichen Ihre Hausarbeit,
  Bachelor- und Masterarbeit

- Ihr eigenes eBook und Buch -
  weltweit in allen wichtigen Shops

- Verdienen Sie an jedem Verkauf

Jetzt bei www.GRIN.com hochladen und kostenlos publizieren

Diskussion pädagogischer Grundbegriffe. Ein Überblick

GRIN ☺

Bibliografische Information der Deutschen Nationalbibliothek:

Die Deutsche Nationalbibliothek verzeichnet diese Publikation in der Deutschen Nationalbibliografie; detaillierte bibliografische Daten sind im Internet über http://dnb.d-nb.de abrufbar.

ISBN: 9783346441843
Dieses Buch ist auch als E-Book erhältlich.

© GRIN Publishing GmbH
Nymphenburger Straße 86
80636 München

Druck und Bindung: Books on Demand GmbH, Norderstedt Germany
Gedruckt auf säurefreiem Papier aus verantwortungsvollen Quellen

Das vorliegende Werk wurde sorgfältig erarbeitet. Dennoch übernehmen Autoren und Verlag für die Richtigkeit von Angaben, Hinweisen, Links und Ratschlägen sowie eventuelle Druckfehler keine Haftung.

Das Buch bei GRIN: https://www.grin.com/document/1024902

Reflexionen

Allgemeine Pädagogik – Modul I

Gliederung

1 Reflexionsaufgabe 1 1

   1.1 Gliederung der Erziehungswissenschaft 1

   1.2 Grundverständnisse von Erziehung 1

   1.3 Historische Aspekte 2

   1.4 Erziehung heute 3

   1.5 Der Terminus Bildung in Abgrenzung zum Erziehungsbegriff 4

   1.6 Klafkis Bildungsbegriff 5

   1.7 Historische Aspekte 6

   1.8 Bildung heute 7

   1.9 Fazit 7

2 Reflexionsaufgabe 2 8

   2.1 Das Recht auf Bildung 8

   2.2 Beschreibung und Erläuterung der Fragestellung 8

   2.3 Methodisches Vorgehen 9

   2.4 Reflexion des Forschungsdesigns 10

   2.5 Fazit 11

3 Reflexionsaufgabe 3 12

   3.1 Die Problematik der Chancengleichheit 12

   3.2 Inhalt und Problemfeld des Artikels 12

   3.3 Geschichtlicher Hintergrund des Problemfelds 13

   3.4 Subdisziplin und Grundrichtung des Artikels 14

   3.5 Bedeutung des Problems für die heutige Pädagogik 15

   3.6 Fazit 16

4 Literaturverzeichnis 17

1 Reflexionsaufgabe 1

1.1 Gliederung der Erziehungswissenschaft

Die Erziehungswissenschaft ist ein unüberschaubares Gebiet, welches von Günther Bittner auch als „buntscheckiges Gemisch von Moden, persönlichen Steckenpferden [und] humanitären Idealen" (Bittner, 1989, S.215 zit. in Gudjons, 2012, S.19) bezeichnet wird. Damit soll deutlich werden, dass es keine einheitliche Gliederung des Gebiets gibt und es je nach Standort anders strukturiert wird (Gudjons, 2012, S.19-20).

Doch trotz dieser Uneinigkeit ist es unumstritten, dass Erziehung und Bildung die zentralen Grundbegriffe dieser wissenschaftlichen Disziplin darstellen. Sie sind der Kernbereich der Erziehungswissenschaft, weshalb besonders die Abgrenzung dieser Begriffe zueinander wichtig ist, wenn man sich mit der Erziehungswissenschaft auseinandersetzen will.

Im Folgendem sollen nun diese sprachlichen Ausdrücke diskutiert, sowie deren historische Entwicklung dargestellt werden.

1.2 Grundverständnisse von Erziehung

Ebenso wie es für die Erziehungswissenschaft keine einheitliche Definition gibt, scheitern auch bei dem Terminus *Erziehung* Pädagogen und Wissenschaftler, eine von der Masse gleichermaßen akzeptierte Begriffsbestimmung zu finden. Dafür gibt es viele Gründe, wovon hier lediglich zwei genannt werden. Einerseits ist er extrem vielfältig, andererseits haftet ihm so manches Mal der „Geruch von Fremdbestimmung, [oder] des illegitimen Eingreifens in das Werden eines/r Heranwachsenden" (Gudjons, 2012, S.181) an. Unumstritten jedoch ist, dass unablässig erzogen wird. Erziehung kann aber sehr unterschiedlich verstanden werden. Kron unterscheidet beispielsweise sechs Auffassungen: Ziehen, Führen, Regieren, Wachsenlassen, Anpassen und Helfen. Scheuerl dagegen differenziert lediglich fünf Betrachtungsweisen (Wachsenlassen, Prägung, Geburtshilfe, Führen, Erweckung und Erleuchtung) (Gudjons, 2012, S.192). Diese und andere Ansichten können letzten Endes dennoch auf zwei Grundverständnisse zusammengefasst werden. Zum einen Erziehung als *herstellendes Machen*, wobei der Erzieher mit einem Handwerker verglichen wird, der den Erziehenden nach seinen Vorstellungen formt, andererseits als *begleitetes Wachsenlassen.* Hier wird der Erzieher als Helfer gesehen, der dem Kind bei seiner eigenständigen Entwicklung unterstützend zur Seite steht. Dabei ist es wichtig, diese beiden Erkenntnisse nicht als unvereinbare Gegensätze zu sehen. Für eine gelungene Erziehung sind beide Grundsätze essentiell (Treml 1991, 347; 2000, 177ff. zit. in Gudjons, 2012, S.192-193). In der Geschichte haben vor Allem diese beiden Grundideen den Begriff *Erziehung* geprägt.

1.3 Historische Aspekte

Die geschichtliche Entwicklung des Begriffs geht zurück bis in die Antike, wo Erziehung laut Aristoteles lediglich die Funktion hatte, Kindern zu helfen, zu begleiten, anzuleiten und großzuziehen. Das Ziel war es, sich dem Wohl der Gesellschaft unterzuordnen (Fees, 2015, S.35–37)

In der Aufklärung – auch als das pädagogische Jahrhundert bezeichnet – änderte sich diese Vorstellung grundlegend. Hier wurden viele Erziehungstheorien entwickelt, die das erzieherische Denken nachhaltig beeinflussten. Alle in dieser Zeit entstandenen Vorstellungen von Erziehung können aufgrund der Masse hier nicht berücksichtigt werden, deshalb sollen lediglich John Locke und Jean-Jacques Rousseau vorgestellt werden, da sie zu den wichtigsten und bekanntesten Vertretern gehören.

Sowohl Locke als auch Rousseau vertraten die Meinung, das Kind solle nicht durch Bestrafung oder Tadel erzogen werden, sondern durch Erfahrungen lernen. Es soll Kind sein dürfen, müsse laut Locke jedoch daran gehindert werden, Böses zu tun. Denn er ging davon aus, dass das Kind bei der Geburt ein tabula rasa (unbeschriebenes Blatt) sei, welches erst durch Erfahrungen und die Erziehung geformt wird. Der Erzieher soll besonders darauf achten, dass der Zu-Erziehende zum tugendhaften Gentleman heranwächst (Harney & Krüger, 2006, S.19-20).

Rousseau dagegen war der Überzeugung, dass der Mensch von Geburt an gut ist, die Gesellschaft jedoch schlecht. Wenn ein Mensch also böse ist, wurde er dies durch die Erziehung, die Umwelt oder andere Menschen. Um dieser negativen Entwicklung entgegenzusteuern, schlägt Rousseau zweierlei Möglichkeiten vor: Einerseits soll der Staat allen Mitgliedern der Gesellschaft Gleichheit, Freiheit und Unabhängigkeit gewähren, andererseits soll der Mensch zur Emanzipation erzogen werden. Letzteres soll das oberste Ziel sein: Kinder zu mündigen Bürgern erziehen. Jedoch gilt dieser Grundsatz nur für Jungen. Mädchen dagegen sollen vor Allem lernen, sanftmütig und folgsam zu sein, da sie die Wünsche und Erwartungen der Männer zu erfüllen haben. Im Vordergrund stand bei Rousseau also das Bedürfnis, autonome Bürger zu schaffen (Harney & Krüger, 2006, S.20-21).

Jedoch änderte sich dieses Verständnis im Laufe der Zeit wieder. Denn in der Geschichte wurde Erziehung auch oft dazu eingesetzt, Menschen fügsam werden zu lassen. Eine solche Auffasung vertraten die Nationalsozialisten im 20. Jahrhundert. Ziel war es, einen „politischen Deutschen auf der Grundlage der nationalsozialistischen Weltanschauung und ihrer Kernstücke Volk, Rasse, Wehr, Führertum" (Gräfer, 1940, S. 45 zit. in Harney & Krüger, 2006, S.118) zu formen. Man fing damit schon bei dreijährigen Kindern an: Sie sollten bereits dem Führer zuwinken, ältere Kinder versuchte man in der Schule und in der Hitlerjugend für den Nationalsozialismus zu begeistern.

Laut des gegenwärtigen Verständnisses von Pädagogik und Erziehung gab es im Nationalsozialismus jedoch keine eigenständige Erziehungswissenschaft. Es war vielmehr so, dass es sich hier um ein an die Ideologie Hitlers angepasstes Gemisch aus den verschiedensten pädagogischen Strömungen handelte. Man förderte die, welche den staatspolitischen Interessen entsprachen und verbot jene, die dem politischen Bestreben schaden könnten (Gräfer, 1940, S.45 zit. in Harney & Krüger, 2006, S.118-119).

Auf das Grundverständnis von Treml rückbezogen, wurde Erziehung in der Aufklärung dem Grundverständnis des *begleitetenden Wachsenlassens* gerecht, während in der NS-Zeit Erziehung als *herstellendes Machen* gesehen wurde. Die Selbstbestimmung und Unabhängigkeit des Menschen hatte in der Aufklärung oberste Priorität, während die Nationalsozialisten zum Ziel hatten, eine heteronome, folgsame Gesellschaft zu schaffen.

Jedoch sind diese Grundverständnisse – wie bereits erwähnt – keine unvereinbaren Antonyme, sondern sollen sogar kombiniert werden, damit Erziehung funktioniert. Hier stellt sich die Frage an, ob es im 21. Jahrhundert gelingt, dieser Forderung gerecht zu werden.

1.4 Erziehung heute

Heutzutage herrscht vor allem Unsicherheit von Seiten der Eltern was Erziehungsziele und -methoden betrifft. Woher diese Befangenheit rührt, ist schnell geklärt: In der Gegenwart besteht keine allgemein gültige Auffassung mehr darüber, ob Kinder mehr oder weniger erzogen werden müssen beziehungsweise sollen. Über Intentionen und Konzepte von Erziehung wird heftig debattiert. Diese Uneinigkeit führt unweigerlich dazu, dass Eltern – die erzieherisch natürlich alles ′richtig machen′ wollen – gehemmt sind, Methoden durchzuführen, die zumindest für sie selbst stimmig und logisch sind (Rotthaus, 1998, S.14).

Jedoch wird heute vor allem die Frage nach dem Zweck von Erziehung in den Vordergrund gerückt. Dabei ist es wichtig, sich bewusst zu machen, dass die Absicht im Vordergrund steht und nicht, ob eine erzieherische Handlung erfolgreich verlief. Brezinka definiert den Begriff deshalb wie folgt: „Als Erziehung werden Handlungen bezeichnet, durch die Menschen versuchen, die Persönlichkeit anderer Menschen in irgendeiner Hinsicht zu fördern." (Brezinka, 1977, S.95 zit. in Fromm, 2015, S.32)

Brezinka sieht Erziehung also lediglich als einen Versuch, auf den Charakter eines Menschen Einfluss zu nehmen. Ob dieser gelingt, ist nebensächlich. Das bedeutet letztendlich, dass eine erzieherische Handlung nach dem heutigen Verständnis beides sein kann: Sowohl *herstellendes Machen*, als auch *begleitetes Wachsenlassen*. Denn wichtig ist nur, dass der Erzieher versucht, den Charakter des Erziehenden positiv zu beeinflussen. Wie dies geschieht, ist nebensächlich.

Diese Auffassung kann jedoch durchaus kritisch gesehen werden. Denn laut dieser Definition wird eine erzieherische Handlung durch die Intention des Erziehers (die Persönlichkeit des Erziehenden fördern) definiert. Doch niemand von uns kann Gedanken lesen, weshalb uns die Absicht einer Handlung meist verborgen bleibt. Wie kann man demzufolge wissen, welches Ziel erreicht werden soll und ob es sich tatsächlich um einen Akt der Erziehung handelt? (Koller, 2017, S.53)

1.5 Der Terminus Bildung in Abgrenzung zum Erziehungsbegriff

Den Terminus Bildung zur Erziehung abzugrenzen, ist nicht ganz einfach. Dies ist schon allein deshalb schwierig, weil die Begriffe in vielen Sprachen synonym verwendet und gar nicht unterschieden werden. Dies wird deutlich, wenn man in einem Englisch-Deutsch Wörterbuch die Begriffe *Bildung* und

Erziehung nachschlägt: Es erscheint lediglich der Ausdruck *education,* der sowohl Bildung, als auch Erziehung meint.

Und dennoch werden diese Ausdrücke im Deutschen klar unterschieden. Denn Bildung liegt die Auffassung zugrunde, dass der Mensch nicht von anderen gebildet werden kann, sondern sich selbst bildet (Lenzen, 2007, S.178). Sie ist demnach eine individuelle Leistung und unterscheidet sich damit von dem Erziehungsbegriff, welcher laut der oben genannten Definition Brezinkas davon ausgeht, dass Erziehung durch andere erfolgt und nicht durch sich selbst.

1.6 Klafkis Bildungsbegriff

Was macht aber einen gebildeten Menschen tatsächlich aus? Hierfür gibt es ebenfalls viele, unterschiedliche Betrachtungsweisen. Im Folgenden wird die von Klafki vorgestellt, da sie eine der aktuellsten und weit verbreitetsten ist. Wolfgang Klafki differenziert zwischen der materialeren Bildung, wobei hier bestimmte Inhalte kultureller Wichtigkeit erworben werden sollen und der funktionalen Bildung, welche Bildung als Aneignung von bestimmten Fähigkeiten beziehungsweise Kompetenzen sieht (Fromm, 2015, S.110). Jedoch sind mit diesen Betrachtungen auch Probleme verbunden: Geht man beispielsweise von der materialen Bildung aus, so ist es fragwürdig wie lange ein bestimmter Inhalt das Kriterium eines Kulturgutes erfüllt. Außerdem stellt sich die Frage, welchen Voraussetzungen ein Inhalt entsprechen muss, um als Kulturgut gesehen werden zu können. Auch der Begriff der funktionalen Bildung muss kritisch gesehen werden, denn wie soll man ohne Inhalte eine bestimmte Kompetenz erwerben? Außerdem lassen sich Methoden und Kompetenzen nicht immer auf andere Inhalte übertragen (Fromm, 2015, S.11). Diese und andere Probleme versucht Klafki zu lösen, indem er beide Auffassungen über Bildung zum kategorialen Bildungsbegriff zusammenführt. Damit soll eine „doppelseitige Erschließung [...] von allgemeinen, kategorial erhellenden Inhalten auf der objektiven Seite und als Aufgehen allgemeiner Einsichten, Erlebnisse, Erfahrungen auf der Seite des Subjekts" (Klafki, 1970, S.43 zit. in Fromm, 2015, S.112) bewirkt werden. Hier lautet die Leitfrage, welche Inhalte dem Lernenden wie erschlossen werden sollen.

Anders als bei der Erziehung wird hier Wert daraufgelegt, seinen Wissensstand zu erweitern und nicht darauf, die Persönlichkeit eines Menschen weiterzuentwickeln.

1.7 Historische Aspekte

Die historische Entwicklung des Bildungsbegriffs und damit des Schulwesens geht ebenfalls zurück bis in die Antike. Damals hatten Jungen die Möglichkeit, gegen Entgelt einen Privatlehrer aufzusuchen, Mädchen hingegen wurde dieses Privileg vorenthalten. Gelehrt wurde vor Allem das Lesen, Schreiben und Rechnen, wobei Unterricht primär hieß, durch Drill zu lernen. Auch das Auswendiglernen spielte eine große Rolle. Ab dem Alter von vierzehn Jahren hatten adelige Jungen die Möglichkeit, das gymnasion zu besuchen. Hier wurden sie für das Militär ausgebildet, wobei Sport eine wichtige Rolle spielte. Jedoch bestand im Laufe der Zeit auch die Möglichkeit, sich interkulturell weiterzubilden (Konrad, 2007, S.12-14). Als ein gebildeter Mensch wurde man demnach gesehen, wenn man bestimmte Dinge wusste oder kannte.

Im Laufe der Jahrhunderte hat sich der Bildungsbegriff und das Schulwesen immer wieder gewandelt und weiterentwickelt. Ich werde im Folgenden auf Deutschland eingehen, da dessen Historie besonders bedeutsam für uns ist und den größten Einfluss auf unsere heutige Gesellschaft hat.

Vor allem im 19. Jahrhundert hat sich viel getan, weshalb dieser Zeitabschnitt näher ausgeführt wird. In Deutschland wurde erst zwischen dem 18. und 19. Jahrhundert die Schulpflicht eingeführt, welche eine bedeutsame, gesellschaftliche Entwicklung darstellte. Aufgrund von kulturellen und sozioökonomischen Modernisierungsprozessen entstanden in Deutschland viele, unterschiedliche Bildungssysteme. Bis zu diesem Zeitpunkt unterrichteten an den kirchlich getragenen Schulen zumeist Pfarrer und Theologen ohne eigene Ausbildung. Im 19. Jahrhundert jedoch wurde der Lehrerberuf vom geistlichen Amt getrennt und das Bildungssystem der Kontrolle des Staats überlassen. Dies führte zu einem heftigen Streit um Wertvorstellungen, welcher das Vorgehen des Staats im Bezug auf die Kontrolle der Schulen stark beeinflusste (Becker, 2014, S.1-2).

1.8 Bildung heute

Heute gibt es das dreigliedrige Schulsystem, welches ebenfalls im 19. Jahrhundert gegründet, jedoch erst im 20. Jahrhundert etabliert wurde. Man differenziert zwischen der Primar- (Grundschule), Sekundar- (Realschule, Gymnasium, Hauptschule) und Tertiärstufe (Universitäten), wobei die Pflichtschulzeit meist neun (mancherorts zehn) Jahre beträgt.

Was die Definition des Bildungsbegriffs angeht, gibt es keine einheitliche Auffassung mehr davon, was Bildung letztendlich beinhaltet. Das ist keine zufriedenstellende Antwort, jedoch ist es aufgrund der Fülle an Wissen nicht mehr möglich, bestimmte Inhalte festzulegen, die als grundlegende Bildung angesehen werden. Genauso wenig können bestimmte Bildungsziele festgelegt werden, da sich der Mensch letztendlich selbst bildet und damit seine ganz eigene Definition von Bildung entwickelt (Lenzen, 2007, S.184). Goethe beschrieb dieses Phänomen wie folgt: „Werde, der du bist!" (Lenzen, 2007, S.184) Das bedeutet letztendlich, dass der Bildungsbegriff nicht wissenschaftlich allgemein bestimmt werden kann und darf, da er für jedes Individuum etwas anderes bedeutet.

1.9 Fazit

Schlussendlich kann man festhalten, dass sich die Begriffe Erziehung und Bildung zwar sehr ähnlich sind und im alltäglichen Sprachgebrauch häufig synonym verwendet werden, sie aber (zumindest im Deutschen) recht unterschiedlich definiert werden können. Besonders der Zweck beziehungsweise das Ziel der Termini unterscheidet sich deutlich.

Jedoch sind beide Begriffe in der Gegenwart nicht mehr eindeutig zu definieren, da es unendlich viele, verschiedene Auffassungen und Betrachtungsweisen in Bezug auf diese Wörter gibt.

2 Reflexionsaufgabe 2

2.1 Das Recht auf Bildung

In der allgemeinen Erklärung für Menschenrechte ist in Artikel 26 das Recht auf Bildung festgeschrieben. Dieses besagt, dass sich jeder weiterbilden darf. Dabei spielt weder Geschlecht, Nationalität, Einkommen oder die Schichtzugehörigkeit eine Rolle. Dies ist ein wichtiger Grundsatz, welcher unter allen Umständen eingehalten werden sollte. Denn der Bildungsstand eines Menschen entscheidet letztendlich darüber, welchen Beruf er ausüben kann und welches Einkommen eine Person später einmal hat. Kurz gesagt: Über das gesamte zukünftige Leben. Was jedoch in der Theorie simpel klingt, ist in der Praxis besonders für Frauen schwer. Ein Artikel, der diesen Aspekt behandelt, lautet: *Der lange Arm der Bildungsexpansion: Die Bedeutung zunehmender elterlicher Bildungsressourcen für die Bildungsbeteiligung von Frauen in Deutschland.* Im Folgenden wird dessen Fragestellung erläutert, die Methoden der Studie beschrieben sowie das Forschungsdesign kritisch hinterfragt.

2.2 Beschreibung und Erläuterung der Fragestellung

Die Studie verknüpft den Datensatz der Allgemeinen Bevölkerungsumfrage in den Sozialwissenschaften (ALLBUS) und des Soziooekonomischen Panels (SOEP) um zu überprüfen, welche Rolle die soziale Herkunft in Bezug auf die Bildungsbeteiligung von Frauen spielt. Dabei werden die wichtigsten historischen Aspekte des 20. Jahrhunderts miteinbezogen, mithilfe derer man die gestiegenen Aufstiegschancen von Frauen zu erklären versucht. Insbesondere die „verspätete Folge der sozialen Aufwärtsmobilität in den jeweiligen Elterngenerationen" (Ziefle, 2017, S.53) scheint bedeutsam für die erweiterten Bildungschancen von jungen Frauen zu sein.

Des Weiteren wird Bezug auf die zur Verfügung stehenden, finanziellen Ressourcen der Eltern auf die Bildungschancen der Töchter genommen und festgestellt, dass besonders in Deutschland dieser Zusammenhang bedeutsam ist.

Meiner Meinung nach ist diese Studie strukturiert und sinnvoll aufgebaut. Außerdem sind die Beweggründe des Artikels ausführlich und logisch dargestellt. Jedoch werden einige Thesen aufgestellt, ohne näher erläutert zu werden, was den Leser verwirren kann. Außerdem wird der Zusammenhang der sozialen Herkunft mit den Bildungschancen von Frauen nur grob dargestellt, wohingegen sehr ausführlich auf den Einfluss des elterlichen Bildungsstands eingegangen wird.

2.3 Methodisches Vorgehen

Bei der Analyse des methodischen Vorgehens dieser Studie fällt auf, dass es sich um eine quantitative Studie handelt. Dies wird einerseits an dem großen Datensatz deutlich (ca. 4000 Befragte), andererseits daran, dass es sich um eine stichprobenartige Befragung handelt, welches eindeutig eine quantitative Methode darstellt (Ziefle, 2017, S.60)

Die Befragung ist eine wissenschaftliche Methode, welche auf verschiedene Arten durchgeführt werden kann (mündlich/schriftlich, standardisiert/ nicht standardisiert, offene/ geschlossene Fragen). Um welche Variante es sich im vorliegenden Artikel handelt, ist jedoch nicht ersichtlich. Nichtsdestotrotz wird wie bei jeder Befragung probiert, eine allgemeine Frage oder ein Problem zu klären sowie Ansichten und Grundhaltungen abzufragen. Hierbei ist die Einhaltung der Gütekriterien (Objektivität, Validität und Reliabilität) Voraussetzung (Böhm-Kasper, Schuchart & Weishaupt, 2009, S.71).

Es werden also die Datensätze der SOEP vom Jahr 1984 bis 2012 verwendet, wobei es sich um eine jährlich wiederholte Befragung handelt, die unter anderem Angaben über die soziale Herkunft und der Biographie der Befragten enthalten. Außerdem wird der höchste Bildungsabschluss der Mutter seit dem Jahr 2000 miterfasst (Ziefle, 2017, S.60).

Diese Ergebnisse werden mit denen der Befragung der Allgemeinen Bevölkerungsumfrage in den Sozialwissenschaften (ALLBUS) verknüpft, welche seit dem Jahr 1980 alle zwei Jahre durchgeführt wird. Bei dieser Studie handelt es sich um eine Querschnittsbefragung, die ebenfalls Angaben zum Bildungsstands des Befragten, des Vaters und seit 2004 der Mutter beinhaltet.

Im nächsten Schritt wird erläutert, wie hoch die Bildungsbeteiligung von Frauen zu welchem Zeitpunkt war und welchen Zusammenhang es hier zur sozialen Herkunft gibt (Ziefle, 2017, S.60-61).

Im Anschluss daran stellt die Studie die Ergebnisse vor.

2.4 Reflexion des Forschungsdesigns

Bei genauerer Betrachtung der Studie fallen einem einiges durchaus positiv auf. Denn die Daten wurden über einen sehr langen Zeitraum erhoben, welches ein ganzheitliches Bild der Frauenbildung im 20. Jahrhundert schafft. Außerdem handelt es sich um eine repräsentative Studie, da sehr viele, unterschiedliche Personen befragt wurden. Des Weiteren ist sie ausführlich und nimmt immer wieder Bezug auf historische Ereignisse, welche die Ergebnisse beeinflusst haben könnten. Ebenso positiv fällt auf, dass die Daten objektiver und vergleichbarer sind als bei einer qualitativen Studie. Auch das dritte Gütekriterium (Validität) wird weitgehend erfüllt durch die Fülle an Daten. Gleichwohl kann die Studie auch kritisiert werden.

Denn es werden kontinuierlich Fachwörter ohne Erklärung derer Bedeutung verwendet, sodass es Laien schwerfallen kann, die Studie zu verstehen. Außerdem werden oft Tatsachen genannt, deren Gründe dem Leser verborgen bleiben. So wird beispielsweise festgestellt, dass Frauen trotz dem Erwerb des Abiturs oft eine Ausbildung und kein Studium anstreben, jedoch findet sich keine Erklärung für diese Entwicklung. Ebenso werden keine Gründe genannt, weshalb insbesondere der Bildungsstand der Mutter eine tragende Rolle bei der Bildung der Tochter spielt. Offene Fragen wie die genannten Beispiele bewirken bei dem Leser eine Unzufriedenheit und lassen die Studie unprofessionell ausgearbeitet erscheinen.

Des Weiteren wird lediglich auf eine Methode zurückgriffen: Die Befragung. Dies ist deshalb problematisch, da damit gewisse Dinge nicht miterfasst werden können. Denn mit einem Fragebogen kann der Befragte sich nicht so äußern, wie er das eventuell gerne würde. Außerdem gibt es bei dieser Methode im vornherein festgelegte Fragen, welche dem Befragten gestellt werden. Dieses Format verhindert damit, auf das Individuum konkret eingehen zu können und Fragen zu stellen, welche sich erst im Nachhinein ergeben. Darüber hinaus kann das Verhalten der Testperson auf die gestellten Fragen nicht miteinbezogen werden. Wobei man hier den Fakt berücksichtigen sollte, dass die genaue Art der Befragung nicht erläutert wird. Deshalb ist es schwer, sich eine Meinung über die Art und Weise des Verfahrens zu bilden. Denn es wird weder klar, ob offene oder geschlossene Fragen verwendet wurden, noch ob die Testpersonen mündlich oder schriftlich teilnahmen. Unklar bleibt auch, ob bei der Befragung immer wieder neue Leute befragt wurden oder immer wieder auf dieselben Familien Bezug genommen wurde.

2.5 Fazit

Nach ausführlicher Auseinandersetzung mit der Studie lässt sich festhalten, dass sie zwar die historischen Aspekte für die steigende Bildungsbeteiligung der Frauen ausführlich und genau darstellt, jedoch auch viele Fragen unbeantwortet lässt. Außerdem kann die verwendete Methode kritisch gesehen werden, ebenso wie die fachsprachliche Ausdrucksweise, welche an manchen Stellen schwer zu verstehen ist.

3 Reflexionsaufgabe 3

3.1 Die Problematik der Chancengleichheit

Chancengleichheit ist ein viel diskutiertes Thema im 21. Jahrhundert. Auch heute noch haben es Politiker und Menschenrechtler nicht geschafft, Bildung für alle frei zugänglich zu machen, obwohl das Recht auf Bildung sogar ein Menschenrecht darstellt. Nichtsdestotrotz ist es zumindest gelungen, in Deutschland die Bildungsbeteiligung von Frauen stark in die Höhe zu treiben, obwohl daran gekoppelt die soziale Herkunft weiterhin ausschlaggebend ist. Ein Artikel, der sich diesem Problem widmet, lautet: *Der lange Arm der Bildungsexpansion: Die Bedeutung zunehmender elterlicher Bildungsressourcen für die Bildungsbeteiligung von Frauen in Deutschland.* Im Folgenden soll der Inhalt des Artikels zusammengefasst, die historischen Aspekte des Problemfelds dargestellt, sowie einer Subdisziplin und Grundrichtung der Erziehungswissenschaft zugeordnet werden. Außerdem wird die Bedeutung der Problematik und der Forschungsergebnisse für die heutige Pädagogik geklärt werden.

3.2 Inhalt und Problemfeld des Artikels

Die vorliegende Studie kombiniert die Datensätze zweier Studien (ALLBUS und SOEP), um die geschichtliche Entwicklung der Bildungsbeteiligung von Frauen in Deutschland darstellen zu können. Hier steht die Frage im Mittelpunkt, inwieweit ein Zusammenhang zwischen der Gelehrtheit von jungen Mädchen und Frauen und der sozialen Herkunft besteht. Demnach beschäftigt sich die Studie mit dem großen Thema der Frauen- und Mädchenbildung (hier bezogen auf das 20. Jahrhundert).

Aufgrund der langen Zeit, welche untersucht wurde, wird Deutschland zweigeteilt betrachtet. Im Westen ist die Bildungsbeteiligung aller Frauen (unabhängig der Schichtzugehörigkeit) bis heute stringent gestiegen, wobei für diese Entwicklung ab den 1960ern das erhöhte Einkommen der Eltern eine tragende Rolle spielt. In Ostdeutschland dagegen verbesserten sich zunächst allgemein die Bildungschancen, dann jedoch stockte diese Entwicklung und die Bildungsbeteiligung der Frauen sank bis zur Wiedervereinigung.

Allgemein sind meist für die Weiterbildung von Frauen die elterlichen Ressourcen (in den letzten Jahren vor allem die der Mütter) ausschlaggebend (Ziefle, 2017, S.51).

3.3 Geschichtlicher Hintergrund des Problemfelds

Die Problematik der Frauen- und Mädchenbildung ist kein in der Gegenwart aufgetauchtes Phänomen. Es kann bis in die Antike zurückverfolgt werden. Damals durften sich lediglich Männer weiterbilden, die Frau galt als minderwertig und hatte nicht das Recht, Lesen und Schreiben zu lernen (Konrad, 2007, S.39-40).

Diese Vorstellung hielt sich bis in die frühe Neuzeit, wo das weibliche Geschlecht lediglich für die Familie und Ehe verantwortlich war und die perfekte Ehefrau darstellen sollte. Sofern Mädchen eine Schule besuchten, wurde die dort gelehrte Bildung an das Bildungsniveau des späteren Ehemannes ausgerichtet (Jacobi, 2013, S.19-22).

Erst im 18. Jahrhundert bestanden Frauen vermehrt darauf, sich ebenfalls weiterbilden zu dürfen, jedoch meist erfolglos. Dennoch durften Frauen nun Berufe ausüben, deren Aufgabenbereiche eng mit denen einer Hausfrau verwandt waren (Jacobi, 2013, S.183-184). Außerdem gab es sogenannte Töchterschulen, wo Mädchen einen grundlegenden Unterricht erhielten, sowie auf die zukünftige Rolle der tadellosen Hausfrau vorbereitet wurden (Jacobi, 2013, S.207-208).

Im 19. Jahrhundert wurde der Besuch von Schulen allgemein bedeutsamer und damit auch der Ausbau von Mädchenschulen vorangetrieben, mit deren Besuch sich die Schülerinnen auf ein akademisches Studium vorbereiten konnten. Doch diese Entwicklung wurde von vielen Zeitgenossen kritisch beäugt, da die Auffassung, Frauen seien für den Haushalt zuständig, immer noch sehr verbreitet war (Jacobi, 2013, S.235).

Diese Meinung hält sich auch noch im 20. Jahrhundert. Dennoch ist dieser Zeitabschnitt – welcher auch das Jahrhundert der Bildungsexpansion genannt wird – entscheidend für die steigende Bildungsbeteiligung von Frauen. Denn die institutionellen Rahmenbedingungen verändern sich stark, wie zum Beispiel mit der Einführung der vierjährigen Grundschulpflicht in der Weimarer Republik. Damit war erstmals gesetzlich festgeschrieben, dass alle Kinder in die Schule gehen dürfen und müssen. Außerdem kam dem Bürgerrecht auf

Bildung eine wichtige Rolle zu, welches unter anderem verantwortlich für politische Debatten um gerechtere Bildungschancen war. Nichtsdestotrotz wurde die Forderung nach sozialer Gerechtigkeit erst in der zweiten Hälfte des 20. Jahrhunderts durchgesetzt (Jacobi, 2013, S.349-352). Es mussten also viele Meilensteine überwunden werden, bis Mädchen dieselben Bildungschancen erhielten wie Jungen. Dennoch ist dies immer noch nicht in der ganzen Welt der Fall. In Deutschland jedoch haben Frauen „die Bildungslücke zu den Männern mittlerweile vollständig schließen [können] und übertreffen die Bildung der Männer inzwischen sogar." (Ziefle, 2017, S.52) Verantwortlich für diese positive Entwicklung scheint nicht zuletzt die Aufwärtsmobilität der Elterngenerationen zu sein (Ziefle, 2017, S.54), wobei weiterhin besonders in Deutschland die soziale Herkunft bedeutsam für die Schullaufbahn ist und damit bis heute keine echte Chancengleichheit geschaffen werden konnte (Ziefle, 2017, S.56).

3.4 Subdisziplin und Grundrichtung des Artikels

In der Erziehungswissenschaft werden drei Grundrichtungen unterschieden: der empirische, der hermeneutische und der kritische Ansatz. Darüber hinaus gibt es noch dutzende weitere Richtungen, jedoch handelt es sich bei den Genannten um die wichtigsten, erziehungswissenschaftlichen Auffassungen. Mithilfe dieser Unterscheidung kann jede Studie und jeder Artikel einer Grundrichtung zugeordnet werden (Gudjons, 2012, S.179-181).

Der hier behandelte Artikel entspricht dem empirischen Ansatz, da er dem naturwissenschaftlichen Wissenschaftsverständnis zugeordnet werden kann. Dieser versucht, eine wissenschaftliche Erklärung für bestimmte Ereignisse zu finden. Hempel hat für die wissenschaftliche Erklärung ein theoretisches Modell entwickelt, welches vereinfacht wie folgt dargestellt werden kann: „Gegeben sei ein Ereignis E oder ein Sachverhalt, der erklärt werden soll." (Hempel, 1977, S. 5 zit. in Gudjons, 2012, S.184). Dies bezeichnet er als *Explanandum.* Um eine wissenschaftliche Erklärung liefern zu können, benötigt man außerdem *spezielle Sachverhalte* und *allgemeingültige Gesetzesaussagen* (Gudjons, 2012, S.185).

Der vorliegende Artikel bietet eine solche wissenschaftliche Erklärung, indem der Sachverhalt mit bestimmten Bedingungen verknüpft und dann erklärt wird, warum dieses Ereignis unweigerlich eintreten musste.

In diesem Fall stieg die Bildungsbeteiligung der Frauen drastisch, da es viele soziostrukturelle und gesellschaftliche Veränderungen im 20. Jahrhundert gab. Dieser Umschwung musste zu dem Explanandum führen, da Menschen von einer sozialen Aufwärtsmobilität getrieben werden. Das bedeutet, sie wollen sich stetig verbessern und erfolgreicher sein als die vorherige Generation. Dass der Artikel eine wissenschaftliche Erklärung liefert, ist also ein Beweis dafür, dass es sich um einen empirischen Text handelt.

Des Weiteren kann die Erziehungswissenschaft in Teilgebiete (Subdisziplinen) eingeteilt werden. Diese werden in der Regel an Universitäten als eigene Institute repräsentiert. Lenzen hat die wichtigsten Subdisziplinen in einer Grafik dargestellt, welche bei der Zuordnung des Artikels als Grundlage dienen soll (Lenzen, 2005, Bd. 2, 1114f. zit. in Gudjons, 2012, S.23).

Meines Erachtens nach ist es schwer, die vorliegende Studie einer bestimmten Subdisziplin zuzuordnen, da die Grenzen zwischen den Teilgebieten fließend sind und teilweise ineinander übergehen. Dies sieht man beispielsweise daran, dass sich die Allgemeine Pädagogik mit Sozialisations-, Bildungs- und Erziehungsprozessen in gesellschaftlicher und historischer Hinsicht beschäftigt, die historische Pädagogik aber ebenfalls die Geschichte der Erziehung und Bildung thematisiert. Wenn sich nun der vorliegende Artikel wie hier mit der historischen Entwicklung des Bildungsbegriffs auseinandersetzt, stellt sich die Frage, welcher Subdisziplin er nun zugeordnet werden kann, wenn beide Teilgebiete dieselben Aspekte behandeln. Oder soll von dem behandelten Problemfeld ausgegangen werden? Dann könnte die vorliegende Studie eher der Erwachsenenpädagogik zugeordnet werden, da diese sich mit Weiterbildungsmaßnahmen beschäftigt. Fraglich ist jedoch, ob die steigende Bildungsbeteiligung der Frauen tatsächlich eine Weiterbildungsmaßnahme darstellt oder nicht doch eher eine historische Entwicklung ist.

Man sieht hier deutlich, dass es schwerfällt, eine eindeutige Zuordnung zu treffen, wie sie bei den Grundrichtungen der Erziehungswissenschaft getroffen werden kann.

3.5 Bedeutung des Problems für die heutige Pädagogik

Wenn man sich das Ergebnis der Studie ansieht wird deutlich, dass die Bildungsbeteiligung nach wie vor stark abhängig ist von dem elterlichen Einkommen (Ziefle, 2017, S.53). Diese Problematik konnte trotz aller

Bemühungen noch nicht beseitigt werden. Was bedeutet dies für die Pädagogik? Es muss daran gearbeitet werden, eine Chancengleichheit zu schaffen. Diesem Ziel muss oberste Priorität zugesprochen werden. Dafür ist es nötig, Frauen unabhängig ihres sozialen Status´ Bildung zukommen lassen zu können. Umzusetzen wäre dies beispielsweise mit dem Ausbau finanzieller Unterstützungen für einkommensschwächere Familien. Denn das vom Staat zur Verfügung gestellte Geld reicht meist kaum aus, um alle Bücher, Lernmaterialien, Hefte und so weiter zu bezahlen. Hinzu kommen meist Klassenfahrten oder Ausflüge, wofür nochmals Geld benötigt wird.

Auch ein Studium können sich nicht alle Familien leisten, denn dieses ist mit erheblichen Kosten verbunden, die ebenfalls privat bezahlt werden müssen. Dazu gehören zum Beispiel Fahrt-, Unterhalts, Kopierkosten und Ausgaben für technische Geräte (zum Beispiel einen Laptop). Zwar kann man hierfür Bafög beantragen, jedoch muss dies nach dem Studium zumindest teilweise zurückgezahlt werden, was ebenfalls Probleme bereitet, wenn die finanziellen Mittel knapp sind. Ein Stipendium stellt ebenfalls eine Hilfe dar, jedoch kommt nur einem kleinen Teil der Studenten diese Unterstützung zu.

Die finanziellen Mittel für einkommensschwache Familien müssen also erheblich aufgestockt werden, um Chancengleichheit gewährleisten zu können.

3.6 Fazit

Zusammenfassend lässt sich feststellen, dass zumindest in Deutschland bereits eine gewisse Chancengleichheit gegeben ist durch staatliche Unterstützungsmaßnahmen wie Bafög oder Schulgeld. Außerdem haben Mädchen mittlerweile dieselben Bildungsmöglichkeiten wie Jungen. Ebenso kann die Wahl des Berufs frei entschieden werden, unabhängig vom Geschlecht. Jedoch hängt die Bildungsbeteiligung generell immer noch stark von dem Einkommen der Eltern ab. Dieser Sachverhalt muss weiterhin bekämpft werden mithilfe der Ausweitung finanzieller Unterstützung für Familien, die der unteren Schicht angehören.

4 Literaturverzeichnis

Böhm-Kasper, Oliver, Schuchart, Claudia & Weishaupt, Horst. (2009). *Quantitative Methoden in der Erziehungswissenschaft*. Darmstadt: WBG Wissenschaftliche Buchgesellschaft.

Bundeszentrale für politische Bildung (bpb). (2014). *Entwicklung des deutschen Bildungssystems im Überblick: Die heutigen Strukturen des Bildungssystems in Deutschland*. Verfügbar unter http://www.bpb.de/gesellschaft/kultur/zukunft-bildung/194145/ueberblick?p=1 [01.03.2018].

Fees, Konrad. (2015). *Geschichte der Pädagogik: Ein Kompaktkurs* (1. Aufl.). Stuttgart: W. Kohlhammer GmbH.

Fromm, Martin. (2015). *Einführung in die Pädagogik: Grundfragen, Zugänge, Leistungsmöglichkeiten*. Münster: Waxmann Verlag GmbH.

Gudjons, Herbert & Traub, Silke. (2012). *Pädagogisches Grundwissen: Überblick – Kompendium – Studienbuch* (11. Aufl.). Bad Heilbrunn: Verlag Julius Klinkhardt.

Harney, Klaus & Krüger, Heinz-Hermann. (Hrsg.). (2006). *Einführung in die Geschichte der Erziehungswissenschaft und Erziehungswirklichkeit* (3. Aufl./Band III). Opladen & Bloomfield Hills: Verlag Barbara Budrich.

Jacobi, Juliane. (2013). *Mädchen- und Frauenbildung in Europa: Von 1500 bis zur Gegenwart*. Frankfurt am Main: Campus Verlag GmbH.

Koller, Hans-Christoph. (2017). *Grundbegriffe, Theorien und Methoden der Erziehungswissenschaft: Eine Einführung* (8. Aufl.). Stuttgart: W. Kohlhammer GmbH.

Konrad, Franz-Michael. (2007). *Geschichte der Schule: Von der Antike bis zur Gegenwart*. München: Beck.

Lenzen, Dieter. (2007). *Orientierung Erziehungswissenschaft: Was sie kann, was sie will* (4. Aufl.). Reinbek bei Hamburg: Rowohlt Taschenbuch Verlag.

Rotthaus, Wilhelm. (1998). *Wozu erziehen?: Entwurf einer systemischen Erziehung* (1. Aufl.). Heidelberg: Carl-Auer-Systeme-Verlag.

Ziefle, Andrea. (2017). Der lange Arm der Bildungsexpansion: Die Bedeutung zunehmender elterlicher Bildungsressourcen für die Bildungsbeteiligung von Frauen in Deutschland. *Kölner Zeitschrift für Soziologie und Sozialpsychologie 69* (1), 51-77.